Kornelia Schlaaf-Kirschner

Mehrsprachiger Kriterienkatalog zum Beobachtungsbogen für Kinder von 3–6

Auf einen Blick!

Verlag an der Ruhr

Impressum

Titel

Auf einen Blick

Mehrsprachiger Kriterienkatalog zum Beobachtungsbogen für Kinder von 3 bis 6

10er-Set mit Arabisch, Englisch, Französisch, Russisch, Türkisch, Ukrainisch

Autorin

Kornelia Schlaaf-Kirschner

Umschlagmotive

© Verlag an der Ruhr

Übersetzung und Lektorat

A. C. T. GmbH

Druck

AZ Druck und Datentechnik GmbH,

Kempten, DE

Verlag an der Ruhr

Mülheim an der Ruhr

www.verlagruhr.de

Hinweis:
Der Verlag an der Ruhr legt großen Wert auf eine geschlechtergerechte und inklusive Sprache. Daher nutzen wir bevorzugt das Gendersternchen, um sowohl männliche und weibliche als auch nichtbinäre Geschlechtsidentitäten einzuschließen. Alternativ verwenden wir neutrale Formulierungen.
In diesem Buch verzichten wir dennoch auf das Gendern. Dies ist eine Einzelfallentscheidung aus didaktischen Gründen und ist in keinem Fall ausschließend oder diskriminierend zu verstehen.

ISBN 978-3-8346-6096-1

Inhaltsverzeichnis

Bildungsbereich Spielen

1. Das Kind bezieht Spielzeug in einfache Handlungen mit ein.
2. Das Kind probiert vieles aus.
3. Das Kind ordnet nach Formen/nach Größen.
4. Das Kind teilt auf (z. B. beim Spiel, Süßigkeiten).
5. Das Kind ordnet zu.
6. Das Kind übt Drehübungen aus (schließt z. B. Gläser, Flaschen, Schränke).
7. Das Kind wendet neu Erlerntes an.
8. Das Kind beherrscht die Handhabung von einfachem technischen Spielzeug.
9. Das Kind benutzt die Rutschbahn.
10. Das Kind benutzt den Kletterturm.
11. Das Kind benutzt das Dreirad oder eine ähnliche Fahrmöglichkeit.
12. Das Kind benutzt den Roller.
13. Das Kind benutzt Wasser, Sand und Kleister.
14. Das Kind stellt eigene und fremde Verhaltensweisen in Spielsituationen dar (Rollenspiel).
15. Das Kind lässt seiner Fantasie freien Raum.
16. Das Kind baut horizontal und vertikal.
17. Das Kind kann puzzeln.
18. Das Kind setzt seinen Körper altersentsprechend ein (nimmt z. B. Rücksicht beim Laufen).
19. Das Kind setzt Material dem Zweck entsprechend ein (malt z. B. mit entsprechendem Material, benutzt ein Spiel entsprechend).
20. Das Kind ist interessiert, neue, unbekannte Wahrnehmungserfahrungen zu sammeln.
21. Das Kind hat Interesse, nach seiner Fantasie zu konstruieren (z. B. mit Sand, Erde, Ton).
22. Das Kind benutzt Bastelmaterial sachgemäß.
23. Das Kind ist engagiert bei seinem Handeln.
24. Das Kind benennt Farben.
25. Das Kind benennt Formen.

26. Das Kind erfasst einfache Mengenbegriffe.
27. Das Kind begreift die Zuordnung von einem Teil zum Ganzen (z. B. Puzzle).
28. Das Kind übernimmt in der Gruppe die Sprecherrolle.
29. Das Kind übernimmt in der Gruppe die Zuhörerrolle; lässt andere ausreden und reagiert angemessen.
30. Das Kind erkennt Spielregeln.
31. Das Kind versteht die Regeln und kann sich danach verhalten.
32. Das Kind hält sich an vereinbarte Spielregeln.
33. Das Kind begreift das Gesellschaftsspiel als Spiel und erlebt Verlieren nicht als persönliches Versagen.
34. Das Kind setzt sich für Gruppenleistungen ein.
35. Das Kind trägt aktiv zum Gruppenerfolg bei.
36. Das Kind besitzt eine altersgemäße Medienkompetenz (bewältigt z. B. altersentsprechende Computer-Lernprogramme, Umgang mit CD-Player).
37. Das Kind besitzt Ausdauer und beendet ein Spiel.
38. Das Kind kann sich gut und ausdauernd konzentrieren (mindestens 30 Minuten).

Bildungsbereich Sprechen, Hören, Sehen

39. Das Kind reagiert auf Ansprache von hinten.
40. Das Kind reagiert auf Flüstern.
41. Das Kind erkennt die Geräusche seiner Umwelt.
42. Das Kind reagiert auch bei lautem Gruppengeschehen auf Ansprache.
43. Das Kind erkennt Dinge in der Ferne.
44. Das Kind erkennt Dinge in der Nähe.
45. Das Kind singt einfache Melodien.
46. Das Kind klatscht Rhythmen nach.
47. Das Kind sagt „ich“, „du“, „mein“, „dein“.
48. Das Kind berichtet spontan seine Erlebnisse.
49. Das Kind erklärt, was es spielt.

50. Das Kind nimmt mündliche Anweisungen an und setzt sie um.
51. Das Kind spricht in längeren Erzähleinheiten (zwei bis drei Sätze).
52. Das Kind spricht in der Ich-Form.
53. Das Kind fragt nach Wortbedeutungen.
54. Das Kind spricht deutlich.
55. Das Kind unterscheidet ähnlich klingende Wörter (z. B. „Hose“/ „Dose“).
56. Das Kind kann konzentriert zuhören.
57. Das Kind erzählt Erlebnisse in logischer und realistischer Reihenfolge.
58. Das Kind unterscheidet Realität und Fantasie.
59. Das Kind erkennt Zusammenhänge (Märchen, Erlebnisse ...).
60. Das Kind ordnet Bezeichnungen Oberbegriffen zu (z. B. „Tisch = Möbel“, „Apfel = Obst“).
61. Das Kind wendet grammatikalische Grundregeln richtig an (Plural, Vergangenheit etc.).

Bildungsbereich Denken

62. Das Kind ist neugierig.
63. Das Kind überträgt Gelerntes auf neue Situationen.
64. Das Kind ordnet Tätigkeiten im Tagesverlauf bestimmten Tageszeiten zu.
65. Das Kind sortiert nach Größen.
66. Das Kind entwickelt eigene Ideen mit Materialien und führt sie aus.
67. Das Kind unterscheidet gestern, heute und morgen.
68. Das Kind zeigt räumliche Vorstellungskraft: „unten“, „neben“, „auf“.
69. Das Kind strukturiert, ordnet, sortiert.
70. Das Kind interessiert sich für seine Umwelt.
71. Das Kind besitzt Interesse an der belebten Natur.
72. Das Kind zeigt Respekt gegenüber Tieren und Pflanzen.
73. Das Kind beschäftigt sich eine Zeit allein.
74. Das Kind hat Interesse an Büchern.
75. Das Kind ordnet Mengen und Zahlen einander zu.

76. Das Kind geht kleinere Probleme aktiv an.
77. Das Kind zeigt Flexibilität in neuen Situationen.
78. Das Kind kennt verschiedene Verwendungssituationen von Zahlen (eigenes Alter, Hausnummer, Telefonnummer etc.).
79. Das Kind geht spielerisch mit Zahlen um (Zahlenraum bis 10 – Additionsaufgaben durch Abzählen).
80. Das Kind versteht Anweisungen, ein Rezept oder eine Anleitung und führt sie aus.
81. Das Kind strengt sich an, Aufgaben zu bewältigen.
82. Das Kind wendet sich über einen angemessenen Zeitraum vorgegebenen Tätigkeiten zu.
83. Das Kind geht mit Leistungsanforderungen positiv um.
84. Das Kind führt Aufgaben ohne ständiges Feedback aus.
85. Das Kind erträgt die Ablehnung von Wünschen.
86. Das Kind probiert Neues aus, ist lernbegierig.
87. Das Kind erkennt Naturphänomene und beschreibt sie (z. B. Wettererscheinungen, Jahreszeiten, Tag und Nacht).
88. Das Kind beherrscht die Zahlwortreihe bis 20.
89. Das Kind kann sagen, welche Zahl im Zahlenraum 10 größer/kleiner ist.
90. Das Kind malt geometrische Formen (Kreis, Viereck, Dreieck).

Bildungsbereich Bewegung

91. Das Kind zeigt Bewegungsfreude.
92. Das Kind krabbelt auf allen vieren.
93. Das Kind benutzt Spielgeräte auf dem Außengelände und probiert mutig Neues aus.
94. Das Kind nutzt Material z. B. bei der Bewegungsbaustelle, damit es seine Fähigkeiten testen und weiterentwickeln kann.
95. Das Kind testet seine körperlichen Möglichkeiten.
96. Das Kind fühlt sich wohl in seiner Haut.
97. Das Kind orientiert sich im Raum/hat Raumgefühl.

98. Das Kind balanciert auf einer Linie.
99. Das Kind greift kleine Gegenstände sicher.
100. Das Kind passt Bewegungen bewusst Situationen an.
101. Das Kind lokalisiert Berührungen am eigenen Körper.
102. Das Kind schätzt seine Kraft im Spiel mit anderen ein.
103. Das Kind ertastet Formen und Materialien.
104. Das Kind schneidet mit der Schere.
105. Das Kind reiht Perlen auf.
106. Das Kind knetet Figuren.
107. Das Kind gießt in einen Becher ein.
108. Das Kind steigt Treppen hinauf und hinunter (benutzt dabei sein rechtes und linkes Bein).
109. Das Kind malt Linien zwischen zwei Punkten.
110. Das Kind schneidet entlang einer Linie.
111. Das Kind schneidet einfache Formen aus.
112. Das Kind hält das Gleichgewicht.
113. Das Kind findet Räume in seiner vertrauten Umgebung wieder.
114. Das Kind beherrscht den Umgang mit Schreibmaterial.

Bildungsbereich Lebenspraxis

115. Das Kind holt sich Hilfe.
116. Das Kind zieht sich aus.
117. Das Kind zieht sich an.
118. Das Kind isst und trinkt selbstständig.
119. Das Kind wäscht sich die Hände.
120. Das Kind trocknet sich die Hände ab.
121. Das Kind putzt sich die Zähne.
122. Das Kind benutzt die Toilette.
123. Das Kind fegt z. B. den Gruppenraum.
124. Das Kind räumt auf.
125. Das Kind trocknet ab.
126. Das Kind deckt den Tisch (mit Unterstützung).

127. Das Kind räumt den Tisch allein ab und stellt das Geschirr an die richtige Stelle.
128. Das Kind deckt allein den Tisch.
129. Das Kind geht in die Nachbargruppe und gibt etwas ab.
130. Das Kind sucht andere Personen in der Kita, um etwas abzugeben.
131. Das Kind spielt mit anderen Kindern, die nicht in seiner Gruppe sind.
132. Das Kind kann die Schuhe „richtig" anziehen.
133. Das Kind benutzt das Besteck (isst mit Messer und Gabel).
134. Das Kind knöpft auf/zu.
135. Das Kind ist in der Lage, mit Lebensmitteln bewusst umzugehen.
136. Das Kind schließt den Reißverschluss.
137. Das Kind findet seine Kleidungsstücke.
138. Das Kind bindet eine Schleife.
139. Das Kind erkennt und versteht gebräuchliche Symbole und Piktogramme.
140. Das Kind unterscheidet verschiedene Materialbeschaffenheiten.
141. Das Kind zeigt angemessene Reaktionen bei Hautkontakt mit z. B. Wasser, Sand, Kleister.
142. Das Kind leitet aus Verkehrszeichen Handlungen ab.
143. Das Kind kennt Verkehrsregeln und setzt sie um (z. B. Ampel, Zebrastreifen, Geh- und Radweg).

Bildungsbereich Soziales Miteinander/Emotionalität

144. Das Kind trennt sich von der Bezugsperson.
145. Das Kind kennt seine Gruppe und seine Erzieherin.
146. Das Kind nimmt Kontaktangebote anderer an.
147. Das Kind baut eine Beziehung zu seiner Erzieherin auf.
148. Das Kind benutzt Höflichkeitsformen (z. B. „Guten Tag", „danke", „bitte").
149. Das Kind zeigt Empfindungen wie Staunen, Trauer, Freude, Ärger.
150. Das Kind zeigt emotionale Offenheit.
151. Das Kind nimmt Rücksicht.
152. Das Kind ist hilfsbereit.

153. Das Kind setzt sich sprachlich mit anderen Kindern auseinander.
154. Das Kind integriert sich in seine Gruppe.
155. Das Kind hat die Fähigkeit, in einer Kleingruppe zu arbeiten.
156. Das Kind bildet Freundschaften.
157. Das Kind achtet fremdes Eigentum.
158. Das Kind achtet auf seine Sachen.
159. Das Kind behält die Übersicht im Gruppengeschehen.
160. Das Kind verhält sich in Konfliktsituationen kooperativ.
161. Das Kind kann nicht eindeutige Situationen in gewissem Rahmen aushalten (z. B. Besuch des Nikolaus).
162. Das Kind nimmt eigene Befindlichkeiten wahr und teilt sie mit.
163. Das Kind kann seine eigenen Wünsche und Bedürfnisse zurückstellen.
164. Das Kind benennt Gründe für Angst.
165. Das Kind zeigt soziales Verhalten in der Gruppe.
166. Das Kind ergreift Partei für andere Kinder.
167. Das Kind zeigt Konfliktlösungen.
168. Das Kind freut sich auf die Schule.
169. Das Kind besitzt ein positives Selbstwertgefühl.

نطاق التعليم/مجال تنمية اللعب

1. الطفل يضمّن لعبة في إطار أفعال بسيطة.
2. الطفل يجرب الكثير.
3. الطفل يرتب حسب الأشكال / حسب الأحجام.
4. الطفل يتولى التوزيع (مثلًا خلال اللعب وتوزيع الحلويات).
5. الطفل يَنسِب الأشياء.
6. الطفل يؤدي تدريبات التدوير (مثل إغلاق الأكواب والزجاجات والخِزانات).
7. الطفل يطبق ما تعلمه مؤخرًا.
8. الطفل يتقن استخدام الألعاب التقنية البسيطة.
9. الطفل يستخدم لعبة الزحليقة.
10. الطفل يستخدم لعبة برج التسلق.
11. الطفل يستخدم الدراجة ذات العجلات الثلاث أو وسيلة قيادة مماثلة.
12. الطفل يستخدم السكوتر.
13. الطفل يستخدم الماء والرمل والصمغ.
14. الطفل يمثل سلوكه وسلوك الآخرين في مواقف اللعب (لعبة تقمص الأدوار).
15. الطفل يطلق العنان لمخيلته.
16. الطفل يبني عموديًا ورأسيًا.
17. الطفل يجيد تركيب أحجية الصور.
18. الطفل يستخدم جسده بما يتماشى مع سنه (مثلًا بتوخي الحذر أثناء المشي).
19. الطفل يستخدم المواد للأغراض المخصصة لها (مثلًا يرسم باستخدام المواد المناسبة، ويستخدم لعبة بصورة مناسبة).
20. الطفل يهتم بجمع تجارب إدراكية جديدة غير مألوفة.
21. الطفل يهتم بتصميم الأشكال كما هي في مخيلته (مثلًا باستخدام الرمل والتراب والطين).
22. الطفل يستخدم لوازم المهارات اليدوية بشكل ملائم.
23. الطفل يتحلى بالالتزام في تصرفاته.
24. الطفل يدعو الألوان بأسمائها.
25. الطفل يدعو الأشكال بأسمائها.
26. الطفل يستوعب مفاهيم الكميات البسيطة.
27. الطفل يدرك مسألة إلحاق جزء بالكل (مثل أحجية الصور).
28. الطفل يؤدي دور المتحدث في المجموعة.
29. الطفل يؤدي دور المستمع؛ يدع الآخرين يتكلمون ويتفاعل بشكل مناسب.
30. الطفل يعرف قواعد اللعب.
31. الطفل يفهم قواعد الحياة اليومية ويستطيع التصرف وفقًا لها.

32. الطفل يلتزم بقواعد اللعب المتفق عليها.
33. الطفل يدرك أن اللعبة الجماعية ليست إلا لعبة ولا ينظر إلى الخسارة على أنها إخفاق شخصي.
34. الطفل يسخّر نفسه لخدمات المجموعة.
35. الطفل يساهم بنشاط في نجاح المجموعة.
36. الطفل يتحلى بمهارات مناسبة لسنه في التعامل مع وسائل الإعلام (يجيد استخدام برامج التعلم على الحاسوب المناسبة لسنه، والتعامل مع مُشغِّل أقراص السي دي).
37. الطفل يتحلى بالصبر ويكمل اللعبة.
38. الطفل يستطيع التركيز جيدًا دون كلل (لمدة 30 دقيقة على الأقل).

قطاع التعليم/مجال تنمية التحدث والسمع والنظر

39. الطفل يستجيب للمخاطبة من الخلف.
40. الطفل يستجيب للهمس.
41. الطفل يتعرف على الضوضاء في محيطه.
42. الطفل يستجيب للمخاطبة حتى أثناء تواجده في مجموعة صاخبة.
43. الطفل يتعرف على الأشياء البعيدة عنه.
44. الطفل يتعرف على الأشياء القريبة منه.
45. الطفل يغني أغاني بسيطة.
46. الطفل يقلد الإيقاعات بالتصفيق.
47. الطفل يقول "أنا" و "أنت" و "لي" و "لك".
48. الطفل يحكي تجاربه بتلقائية.
49. الطفل يشرح ما يلعب.
50. الطفل يقبل التوجيهات الشفهية وينفذها.
51. الطفل يحكي بوحدات لغوية طويلة (جملتين إلى ثلاث جمل).
52. الطفل يتحدث بصيغة المتكلم (أنا).
53. الطفل يسأل عن معاني الكلمات.
54. الطفل يتكلم بوضوح.
55. الطفل يميز بين الكلمات التي تبدو متشابهة (مثل: "سيف"/"صيف").
56. الطفل ينصت بتركيز.
57. الطفل يحكي تجاربه بترتيب منطقي وواقعي.
58. الطفل يفرق بين الواقع والخيال.

59. الطفل يتعرف على السياقات (مثل الحكايات الخرافية والتجارب).
60. الطفل ينسب الأسماء الفرعية لمصطلحاتها العامة (مثل: "طاولة = أثاث" و "تفاح = فاكهة").
61. الطفل يطبق قواعد النحو الأساسية بصورة صحيحة (مثل الجمع، والزمن الماضي).

قطاع التعليم/مجال تنمية التفكير

62. الطفل فضولي.
63. الطفل يطبق ما يتعلمه في مواقف جديدة.
64. الطفل يخصص الأنشطة لأوقات يومية معينة خلال اليوم.
65. الطفل يفرز حسب الأحجام.
66. الطفل يطور أفكاره باستخدام المواد وينفذها.
67. الطفل يفرق بين الأمس واليوم والغد.
68. الطفل يُظهِر قدرة على تصور المكان: "بأسفل" و "بجانب" و "على".
69. الطفل يقوم بالتشكيل والتنظيم والفرز.
70. الطفل يهتم بمحيطه.
71. الطفل يهتم بالطبيعة المفعمة بالحيوية.
72. الطفل يُظهِر احترامًا تجاه الحيوانات والنباتات.
73. الطفل يشغل نفسه لوقت ما بمفرده.
74. الطفل يهتم بالكتب.
75. الطفل ينسب الكميات والأرقام.
76. الطفل يعالج المشكلات البسيطة بفاعلية.
77. الطفل يُظهِر مرونة في المواقف الجديدة.
78. الطفل يعرف مواقف مختلفة يستخدم فيها الأعداد (مثل عمره ورقم المنزل ورقم الهاتف).
79. الطفل يتعامل مع الأعداد عن طريق اللعب (نطاق الأعداد حتى 10 – تمارين جمع عن طريق العد).
80. الطفل يفهم وينفذ التوجيهات والوصفات والإرشادات.
81. الطفل يجتهد لإنجاز المهام.
82. الطفل يكرس نفسه خلال فترة زمنية معقولة لأداء الأنشطة المطلوبة.
83. الطفل يتعامل مع متطلبات الأداء بإيجابية.
84. الطفل ينفذ المهام دون تعقيبات متواصلة.
85. الطفل يتحمل رفض طلباته.

86. الطفل يجرب ما هو جديد، وهو محب للتعلم.
87. الطفل يتعرف على الظواهر الطبيعية ويصفها (مثل الظواهر الجوية وفصول السنة والنهار والليل).
88. الطفل يتقن الأعداد حتى 20.
89. الطفل يستطيع أن يقول أي رقم أكبر أو أصغر في نطاق الأعداد 10.
90. الطفل يرسم أشكالًا هندسية (دائرة ومربع ومثلث).

قطاع التعليم/مجال تنمية الحركة

91. الطفل يُظهِر سعادته بالحركة.
92. الطفل يحبو على أطرافه الأربعة.
93. الطفل يستخدم الألعاب في المناطق المفتوحة ويجرب أشياء جديدة بجرأة.
94. الطفل يستخدم المواد، مثلًا في موقع ألعاب الحركة، ليتمكن من تجربة مهاراته ومواصلة تنميتها.
95. الطفل يختبر قدراته الجسدية.
96. الطفل يشعر بارتياح داخلي.
97. الطفل قادر على توجيه نفسه في مساحة مغلقة / لديه إحساس بالغرفة.
98. الطفل يتحكم بتوازنه على خط.
99. الطفل يقبض على الأشياء الصغيرة بإحكام.
100. الطفل يُكيِّف حركاته بحسب الموقف عن وعي.
101. الطفل يستشعر مواضع اللمس في جسده.
102. الطفل يقدّر قوته عند اللعب مع الآخرين.
103. الطفل يستشعر الأشكال والمواد.
104. الطفل يقص بالمقص.
105. الطفل يرتب الخرز.
106. الطفل يصنع أشكالًا بالصلصال.
107. الطفل يصب في كأس.
108. الطفل يصعد وينزل السلالم (يستخدم قدميه اليمنى واليسرى في ذلك).
109. الطفل يرسم خطوطًا بين نقطتين.
110. الطفل يقص بمحاذاة الخطوط.
111. الطفل يقص أشكالًا بسيطة.
112. الطفل يحافظ على توازنه.

113. الطفل يعثر مجددًا على الغرف في المكان المألوف له.
114. الطفل يتقن التعامل مع الأقلام.

قطاع التعليم/مجال تنمية الحياة العملية

115. الطفل يطلب المساعدة.
116. الطفل يخلع ملابسه.
117. الطفل يرتدي ملابسه.
118. الطفل يأكل ويشرب بنفسه.
119. الطفل يغسل يديه.
120. الطفل يجفف يديه.
121. الطفل يغسل أسنانه.
122. الطفل يستخدم المرحاض.
123. الطفل يكنس، حجرة المجموعة مثلًا.
124. الطفل يرتِّب.
125. الطفل يجفف.
126. الطفل يحضّر المائدة (بمساعدة أحدهم).
127. الطفل يرفع الأطباق عن المائدة بمفرده ويحضر الصحون لمكانها الصحيح.
128. الطفل يحضّر المائدة بمفرده.
129. الطفل يذهب إلى المجموعة المجاورة ويسلم شيئًا.
130. الطفل يقصد أشخاصًا آخرين في الحضانة لتسليم شيء.
131. الطفل يلعب مع غيره من الأطفال غير المنتمين لمجموعته.
132. الطفل يجيد ربط حذائه "بصورة صحيحة".
133. الطفل يستخدم أدوات المائدة (السكينة والشوكة).
134. الطفل يقفل ويفتح الأزرار.
135. الطفل يجيد التعامل مع المواد الغذائية عن وعي.
136. الطفل يقفل السحَّاب.
137. الطفل يعثر على قطع ملابسه.
138. الطفل يربط عقده.
139. الطفل يتعرف على الصور التوضيحية والرموز الشائعة ويفهمها.
140. الطفل يفرق بين الأنواع المختلفة من المواد.
141. الطفل يُظهر ردات فعل مناسبة إذا لمس جلده شيء، مثل الماء والرمل والصمغ.

142. الطفل يستنبط من الإشارات المرورية الأفعال اللازمة.

143. الطفل يعرف قواعد المرور ويطبقها (مثل إشارة المرور وممرات المشاة والرصيف وطرق الدراجات).

قطاع التعليم/مجال تنمية المشاركة الاجتماعية / العاطفة

144. الطفل ينفصل عَمَّن يرعاه.

145. الطفل يعرف مجموعته ومربيته.

146. الطفل يقبل عروض الآخرين بالتواصل معه.

147. الطفل يبني علاقة مع مربيته.

148. الطفل يستخدم صيغ الاحترام (مثل: "طاب يومك" و "شكرًا" و "العفو").

149. الطفل يُظهِر مشاعر كالاندهاش والحزن والسعادة والغضب.

150. الطفل يُظهِر انفتاحًا عاطفيًا.

151. الطفل يكترث للآخرين.

152. الطفل مستعد للمساعدة.

153. الطفل ينخرط في أنشطة لغوية مع غيره من الأطفال.

154. الطفل يندمج في مجموعته.

155. الطفل يستطيع العمل في مجموعة صغيرة.

156. الطفل يعقد صداقات.

157. الطفل يراعي ممتلكات الغير.

158. الطفل ينتبه لأغراضه.

159. الطفل مدرك للوضع في مجموعته.

160. الطفل يسلك سلوكًا تعاونيًا في حالات الصراع.

161. الطفل لا يستطيع تحمل المواقف غير الواضحة في إطار معين (مثل زيارة سانتا كلوز).

162. الطفل يدرك حالاته المزاجية ويفصح عنها.

163. الطفل يستطيع تأجيل رغباته واحتياجاته.

164. الطفل يوضح أسباب خوفه.

165. الطفل يُظهِر سلوكيات اجتماعية في المجموعة.

166. الطفل ينحاز إلى أطفال آخرين.

167. الطفل يقدم حلولًا للصراعات.

168. الطفل يتطلع لارتياد المدرسة.

169. الطفل لديه شعور إيجابي بتقدير الذات.

Educational field/developmental area playing

1. The child includes a toy in simple actions.
2. The child tries lots of things out.
3. The child orders things by shape/by size.
4. The child shares things out (e.g. in a game, sweets).
5. The child assigns things.
6. The child performs rotation tasks (e.g. closes jars, bottles, cupboards).
7. The child applies new things they have learnt.
8. The child is capable of using simple technical toys.
9. The child uses a slide.
10. The child uses a climbing tower.
11. The child uses a trike or a similar vehicle.
12. The child uses a scooter.
13. The child uses water, sand and paste.
14. The child acts out their own behaviours and the behaviours of others in playing situations (role play).
15. The child lets their imagination run free.
16. The child builds things horizontally and vertically.
17. The child can solve puzzles.
18. The child uses their body appropriately for their age (e.g. takes care when running).
19. The child uses materials appropriately for the purpose (e.g. draws with the right material, uses a toy appropriately).
20. The child is interested in encountering new perception experiences.
21. The child is interested in building using their imagination (e.g. with sand, soil, clay).
22. The child uses craft materials appropriately.
23. The child is engaged in what they are doing.
24. The child can name colours.
25. The child can name shapes.
26. The child grasps simple terms for quantities.
27. The child understands how to assign one part to a whole (e.g. puzzle).
28. The child takes on the speaker role in a group.

29. The child takes on the role of listener, lets others finish and responds appropriately.
30. The child knows rules for games.
31. The child understands rules in everyday life and can behave accordingly.
32. The child follows agreed rules for games.
33. The child understands that party games are for fun and does not perceive losing as a personal failure.
34. The child actively tries to achieve group goals.
35. The child actively contributes to the success of the group.
36. The child has age-appropriate media skills (e.g. is confident with age-appropriate computer learning programmes, knows how to use a CD player).
37. The child has endurance and ends a game.
38. The child can concentrate well and for a long time (at least 30 minutes).

Educational field/developmental area speaking, listening, vision

39. The child responds to being spoken to from behind.
40. The child responds to whispering.
41. The child recognises the sounds from their environment.
42. The child responds to being spoken to in a loud group.
43. The child recognises things that are far away.
44. The child recognises things that are close up.
45. The child sings simple melodies.
46. The child claps to copy rhythms.
47. The child says "I", "you", "mine", "your".
48. The child spontaneously talks about their experiences.
49. The child explains what they are playing.
50. The child accepts verbal instructions and follows them.
51. The child speaks in longer narrative units (two to three sentences).

52. The child speaks in the first person.
53. The child asks what words mean.
54. The child speaks clearly.
55. The child distinguishes between words that sound similar (e.g. “tall”/”small”).
56. The child can listen with concentration.
57. The child talks about their experiences in a logical and realistic sequence.
58. The child distinguishes between reality and fantasy.
59. The child understands context (e.g. fairy tale, experiences).
60. The child assigns general terms to names for things (e.g. “table” = “furniture”, “apple” = “fruit”).
61. The child applies basic rules of grammar correctly (e.g. plural, past tense).

Educational field/developmental area thinking

62. The child is curious.
63. The child transfers what they have learnt to new situations.
64. The child assigns activities in their everyday life to certain times of day.
65. The child sorts things by size.
66. The child develops their own ideas with materials and implements them.
67. The child distinguishes between yesterday, today and tomorrow.
68. The child demonstrates spatial understanding: “below”, “next to”, “on top of”.
69. The child structures, orders, sorts.
70. The child is interested in their environment.
71. The child is interested in natural life.
72. The child shows respect for animals and plants.
73. The child occupies themselves for a while.
74. The child is interested in books.
75. The child assigns quantities and numbers to each other.

76. The child actively tackles small problems.
77. The child shows flexibility in new situations.
78. The child knows various situations in which numbers are used (e.g. their own age, house number, telephone number).
79. The child plays with numbers (counting up to 10, addition tasks by tallying).
80. The child understands instructions, a recipe or explanation and implements them.
81. The child endeavours to complete tasks.
82. The child dedicates themselves to activities that have been set for an appropriate period of time.
83. The child has a positive approach to performance requirements.
84. The child carries out tasks without constant feedback.
85. The child tolerates their requests being refused.
86. The child tries out new things and is eager to learn.
87. The child recognises natural phenomena and describes them (e.g. weather events, seasons, day and night).
88. The child can count up to 20 well.
89. The child can say which number is bigger or smaller up to 10.
90. The child can draw geometric shapes (circle, rectangle, triangle).

Educational field/developmental area movement

91. The child enjoys moving around.
92. The child crawls on all fours.
93. The child uses toys outside and has the courage to try out new things.
94. The child uses materials, e.g. in a play setup, to test and further develop their skills.
95. The child tests their physical abilities.
96. The child feels comfortable in their own skin.
97. The child knows their way around the room/has spatial awareness.
98. The child can balance on a line.
99. The child is confident at grabbing small objects.

100. The child deliberately adapts movements to the situation.
101. The child localises touch on their own body.
102. The child knows their own strength when playing with others.
103. The child touches shapes and materials.
104. The child can cut with scissors.
105. The child threads beads.
106. The child can knead shapes.
107. The child can pour into a cup.
108. The child can go up and down stairs (using their left and right leg).
109. The child can draw lines between two dots.
110. The child can cut along a line.
111. The child can cut out simple shapes.
112. The child can maintain balance.
113. The child can find spaces in their familiar environment again.
114. The child is confident at using pens/pencils.

Educational field/developmental area life experience

115. The child can ask help.
116. The child can undress themselves.
117. The child can dress themselves.
118. The child can eat and drink independently.
119. The child can wash their hands.
120. The child can dry their hands.
121. The child can brush their teeth.
122. The child can use the toilet.
123. The child can sweep the group room, for example.
124. The child can tidy up.
125. The child can dry up.
126. The child can set the table (with help).
127. The child can clear the table independently and put the tableware in the right place.
128. The child can set the table independently.

129. The child can go to the neighbouring group and deliver something.
130. The child can look for other people at their childcare setting to deliver something.
131. The child plays with other children who are not in their group.
132. The child can put on their shoes “properly”.
133. The child can use cutlery (knife and fork).
134. The child can undo/do up buttons.
135. The child can handle food deliberately.
136. The child can do up a zip.
137. The child can find their clothing.
138. The child can tie a bow.
139. The child recognises and understands commonly used symbols and pictograms.
140. The child distinguishes between different material properties.
141. The child displays appropriate reactions to skin contact, e.g. with water, sand, paste.
142. The child derives actions from traffic signs.
143. The child understands traffic rules and implements them (e.g. traffic lights, zebra crossings, pavements and cycle paths).

Educational field/developmental area life social interaction/emotions

144. The child can be separated from the attachment figure.
145. The child recognises their group and tutor.
146. The child accepts offers of contact from others.
147. The child develops a relationship with their tutor.
148. The child uses polite wording (e.g. “good morning”, “thank you”, “please”).
149. The child shows feelings such as wonder, sadness, joy, anger.
150. The child shows emotional openness.
151. The child is considerate.
152. The child is happy to help.

153. The child uses language to communicate with other children.
154. The child integrates in their group.
155. The child is able to work in a small group.
156. The child forms friendships.
157. The child respects other people's property.
158. The child looks after their own things.
159. The child knows what is going on in group activities.
160. The child is cooperative in the event of a disagreement.
161. The child can handle situations which are not straightforward to a certain extent (e.g. Father Christmas coming).
162. The child perceives their own sensitivities and shares them.
163. The child can defer their own wants and needs.
164. The child can name reasons for fear.
165. The child displays sociable behaviour in the group.
166. The child sticks up for other children.
167. The child shows solutions to disagreements.
168. The child looks forward to school.
169. The child has a positive sense of self-worth.

Domaine d'évolution/champ de développement Jouer

1. L‘enfant intègre des jouets dans des actions simples.
2. L‘enfant essaie beaucoup de choses.
3. L‘enfant classe par formes/par tailles.
4. L‘enfant partage (par ex. en jouant, en donnant des bonbons).
5. L‘enfant attribue.
6. L‘enfant s‘exerce à faire des mouvements rotatifs (ferme par ex. des verres, des bouteilles, des armoires).
7. L‘enfant met en pratique ce qu‘il vient d‘apprendre.
8. L‘enfant maîtrise la manipulation de jouets techniques simples.
9. L‘enfant utilise le toboggan.
10. L‘enfant utilise la tour d‘escalade.
11. L‘enfant utilise le tricycle ou un moyen de déplacement similaire.
12. L‘enfant utilise la trottinette.
13. L‘enfant utilise de l‘eau, du sable et de la colle.
14. L‘enfant représente ses propres comportements et ceux des autres dans des situations de jeu (jeu de rôle).
15. L‘enfant laisse libre cours à son imagination.
16. L‘enfant construit horizontalement et verticalement.
17. L‘enfant sait faire un puzzle.
18. L‘enfant utilise son corps de manière adaptée à son âge (il fait attention en marchant, par ex.).
19. L‘enfant utilise le matériel de manière appropriée (par ex. il peint avec le matériel approprié, utilise un jeu de manière adéquate).
20. L‘enfant est intéressé par les expériences perceptives nouvelles et inconnues.
21. L‘enfant s‘intéresse à construire selon son imagination (par ex. avec du sable, de la terre, de l‘argile).
22. L‘enfant utilise le matériel de bricolage de manière appropriée.
23. L‘enfant est engagé dans ses actions.
24. L‘enfant nomme les couleurs.
25. L‘enfant nomme les formes.
26. L‘enfant saisit des notions simples de quantité.

27. L‘enfant comprend l’attribution d’une partie à l’entier (par ex. puzzle).
28. L‘enfant assume le rôle de porte-parole dans le groupe.
29. L‘enfant sait écouter ; il laisse les autres s‘exprimer et réagit de manière appropriée.
30. L‘enfant connaît des règles du jeu.
31. L‘enfant comprend les règles de la vie quotidienne et sait se comporter en conséquence.
32. L‘enfant respecte les règles du jeu convenues.
33. L‘enfant conçoit le jeu de société comme un jeu et ne vit pas la défaite comme un échec personnel.
34. L‘enfant s‘engage dans des actions collectives.
35. L‘enfant contribue activement à la réussite du groupe.
36. L‘enfant possède des compétences médiatiques adaptées à son âge (maîtrise par ex. des programmes d‘apprentissage informatiques adaptés à son âge, utilise un lecteur de CD).
37. L‘enfant fait preuve de persévérance et termine un jeu.
38. L‘enfant sait se concentrer facilement et de manière durable (au moins 30 minutes).

Domaine d'évolution/champ de développement Parler, écouter, voir

39. L‘enfant réagit lorsqu‘on lui parle de derrière.
40. L‘enfant réagit aux chuchotements.
41. L‘enfant reconnaît des sons de son environnement.
42. L‘enfant réagit lorsqu‘on lui parle, même si le groupe est bruyant.
43. L‘enfant reconnaît des choses au loin.
44. L‘enfant reconnaît des choses à proximité.
45. L‘enfant chante des mélodies simples.
46. L‘enfant tape des mains en suivant des rythmes.
47. L‘enfant dit « je », « tu », « mon », « ton ».
48. L‘enfant raconte spontanément ce qu‘il vit.
49. L‘enfant explique à quoi il joue.

50. L‘enfant accepte et applique les consignes orales.
51. L‘enfant parle en unités narratives longues (deux ou trois phrases).
52. L‘enfant parle à la première personne.
53. L‘enfant demande des sens des mots.
54. L‘enfant parle clairement.
55. L‘enfant distingue les mots à consonance similaire (par ex. « bateau » /« gâteau »).
56. L‘enfant sait écouter en se concentrant.
57. L‘enfant raconte des expériences dans un ordre logique et réaliste.
58. L‘enfant distingue la réalité de l‘imagination.
59. L‘enfant reconnaît les liens de cause à effet (par ex. contes de fées, expériences vécues).
60. L‘enfant associe des noms à des termes génériques (par ex. « table = meuble », « pomme = fruit »).
61. L‘enfant applique correctement les règles grammaticales de base (par ex. pluriel, passé composé).

Domaine d'évolution/champ de développement Réflexion

62. L‘enfant est curieux.
63. L‘enfant transfère ce qu‘il a appris à de nouvelles situations.
64. L‘enfant associe des activités à des moments précis de la journée.
65. L‘enfant trie par taille.
66. L‘enfant développe ses propres idées avec du matériel et les exécute.
67. L‘enfant fait la différence entre hier, aujourd‘hui et demain.
68. L‘enfant montre de l’imagination spatiale : « en bas », « à côté », « sur ».
69. L‘enfant structure, ordonne, trie.
70. L‘enfant s‘intéresse à son environnement.
71. L‘enfant s‘intéresse à la nature vivante.
72. L‘enfant montre du respect pour les animaux et les plantes.
73. L‘enfant s‘occupe tout seul pendant un certain temps.
74. L‘enfant s‘intéresse aux livres.

75. L‘enfant associe les quantités et les nombres.
76. L‘enfant s‘attaque activement aux petits problèmes.
77. L‘enfant fait preuve de flexibilité dans des situations nouvelles.
78. L‘enfant connaît des situations différentes d‘utilisation des nombres (par ex. son âge, le numéro de la maison, le numéro de téléphone).
79. L‘enfant aborde les chiffres de manière ludique (espace numérique jusqu‘à 10, tâches d‘addition par comptage).
80. L‘enfant comprend des consignes, une recette ou un mode d‘emploi et les exécute.
81. L‘enfant s‘efforce d‘accomplir des tâches.
82. L‘enfant se consacre à des activités prédéfinies pendant une période raisonnable.
83. L‘enfant gère les exigences de performance de manière positive.
84. L‘enfant exécute des tâches sans avoir constamment besoin de commentaires.
85. L‘enfant supporte qu‘on refuse ses désirs.
86. L‘enfant essaie de nouvelles choses, il a envie d‘apprendre.
87. L‘enfant reconnaît les phénomènes naturels et les décrit (par ex. phénomènes météorologiques, saisons, jour et nuit).
88. L‘enfant maîtrise la série de mots numériques jusqu‘à 20.
89. L‘enfant sait dire quel nombre est plus grand/plus petit dans l‘espace numérique de 10.
90. L‘enfant dessine des formes géométriques (cercle, carré, triangle).

Domaine d'évolution/champ de développement Activité physique

91. L‘enfant montre du plaisir à bouger.
92. L‘enfant se déplace à quatre pattes.
93. L‘enfant utilise des équipements de jeu à l‘extérieur et essaie courageusement de nouvelles choses.
94. L‘enfant utilise du matériel, par exemple sur un chantier de construction pour l‘activité physique, afin de pouvoir tester et développer ses capacités.

95. L‘enfant teste ses possibilités physiques.
96. L‘enfant se sent bien dans sa peau.
97. L‘enfant s‘oriente dans l‘espace/a le sens de l‘espace.
98. L‘enfant se tient en équilibre sur une ligne.
99. L‘enfant attrape les petits objets sans hésiter.
100. L‘enfant adapte consciemment ses mouvements à la situation.
101. L‘enfant localise les contacts sur son propre corps.
102. L‘enfant évalue sa force en jouant avec les autres.
103. L‘enfant tâte les formes et les matières.
104. L‘enfant coupe avec des ciseaux.
105. L‘enfant enfile des perles.
106. L‘enfant pétrit des personnages.
107. L‘enfant verse dans un gobelet.
108. L‘enfant monte et descend des escaliers (en utilisant sa jambe droite et sa jambe gauche).
109. L‘enfant dessine des lignes entre deux points.
110. L‘enfant coupe le long d‘une ligne.
111. L‘enfant découpe des formes simples.
112. L‘enfant garde l‘équilibre.
113. L‘enfant retrouve des endroits dans son environnement familier.
114. L‘enfant maîtrise l‘utilisation des crayons.

Domaine d'évolution/champ de développement
Pratique de vie

115. L‘enfant demande de l‘aide.
116. L‘enfant se déshabille.
117. L‘enfant s‘habille.
118. L‘enfant mange et boit de manière autonome.
119. L‘enfant se lave les mains.
120. L‘enfant s‘essuie les mains.
121. L‘enfant se brosse les dents.
122. L‘enfant utilise les toilettes.

123. L'enfant balaye par ex. la salle collective.
124. L'enfant range.
125. L'enfant essuie la vaisselle.
126. L'enfant met la table (avec de l'aide).
127. L'enfant nettoie la table tout seul et place la vaisselle au bon endroit.
128. L'enfant met la table tout seul.
129. L'enfant va dans le groupe voisin et donne quelque chose.
130. L'enfant cherche d'autres personnes au jardin d'enfants pour leur donner quelque chose.
131. L'enfant joue avec d'autres enfants qui ne font pas partie de son groupe.
132. L'enfant sait mettre ses chaussures « correctement ».
133. L'enfant utilise les couverts (couteau et fourchette).
134. L'enfant déboutonne/ferme.
135. L'enfant sait traiter des aliments consciemment.
136. L'enfant ferme une fermeture-éclair.
137. L'enfant retrouve ses vêtements.
138. L'enfant fait un nœud.
139. L'enfant reconnaît et comprend les symboles et pictogrammes usuels.
140. L'enfant distingue différentes textures de matières.
141. L'enfant a des réactions appropriées en cas de contact avec la peau, par ex. avec de l'eau, du sable, de la colle.
142. L'enfant déduit des actions à partir des panneaux de signalisation.
143. L'enfant connaît et applique les règles de la circulation (par ex. feux de signalisation, passages piétons, voies piétonnes et pistes cyclables).

Domaine d'évolution/champ de développement Coopération sociale/émotionnalité

144. L'enfant se sépare de la personne de référence.
145. L'enfant connaît son groupe et son éducatrice.
146. L'enfant accepte des demandes de contact des autres.

147. L‘enfant établit une relation avec son éducatrice.
148. L‘enfant utilise des formes de politesse (par ex. « bonjour », « merci », « s‘il te plaît »).
149. L‘enfant manifeste des émotions comme l‘étonnement, la tristesse, la joie, la colère.
150. L‘enfant fait preuve d‘ouverture émotionnelle.
151. L‘enfant fait preuve de considération.
152. L‘enfant est serviable.
153. L‘enfant s‘engage oralement avec d‘autres enfants.
154. L‘enfant s‘intègre dans son groupe.
155. L‘enfant est capable de travailler en petit groupe.
156. L‘enfant se fait des amis.
157. L‘enfant respecte la propriété d‘autrui.
158. L‘enfant fait attention à ses affaires.
159. L‘enfant garde une vue d‘ensemble de ce qui se passe dans le groupe.
160. L‘enfant se comporte de manière coopérative dans des situations de conflit.
161. L‘enfant sait supporter des situations non univoques dans un certain cadre (par ex. la visite du Père Noël).
162. L‘enfant prend conscience de ses propres états d‘âme et les communique.
163. L‘enfant sait mettre de côté ses propres désirs et besoins.
164. L‘enfant dit pourquoi il a peur.
165. L‘enfant fait preuve d‘un comportement social au sein du groupe.
166. L‘enfant prend parti pour d‘autres enfants.
167. L‘enfant trouve des solutions aux conflits.
168. L‘enfant se réjouit d‘aller à l‘école.
169. L‘enfant possède une bonne estime de soi.

Образовательная область/направление развития — игры

1. Ребенок вовлекает игрушки в простые действия.
2. Ребенок пробует многое.
3. Ребенок распределяет по формам/размерам.
4. Ребенок делится (например, во время игры, сладостями).
5. Ребенок сопоставляет.
6. Ребенок выполняет вращательные упражнения (например, закрывает стаканы, бутылки, шкафы).
7. Ребенок применяет полученные знания.
8. Ребенок овладевает навыками обращения с простыми техническими игрушками.
9. Ребенок катается с горки.
10. Ребенок использует стенд для скалолазания.
11. Ребенок пользуется трехколесным велосипедом или аналогичным средством передвижения.
12. Ребенок пользуется самокатом.
13. Ребенок использует воду, песок и клей.
14. Ребенок воспроизводит собственное и чужое поведение в игровых ситуациях (ролевая игра).
15. Ребенок дает волю воображению.
16. Ребенок строит горизонтально и вертикально.
17. Ребенок может собирать пазлы.
18. Ребенок использует собственное тело в соответствии с возрастом (например, соблюдает осторожность при беге).
19. Ребенок использует материал соответственно цели (например, рисует соответствующим материалом, использует игру соответствующим образом).
20. Ребенок заинтересован в получении нового, неизвестного ему познавательного опыта.
21. Ребенку интересно конструировать в соответствии с воображением (например, из песка, земли, глины).
22. Ребенок грамотно использует поделочные материалы.
23. Ребенок вовлечен в собственные действия.

24. Ребенок называет цвета.
25. Ребенок называет формы.
26. Ребенок понимает простые понятия о количестве.
27. Ребенок понимает соотнесение части с целым (например, пазл).
28. Ребенок берет на себя роль оратора в группе.
29. Ребенок берет на себя роль слушателя, дает другим договорить и адекватно реагирует.
30. Ребенок знает правила игры.
31. Ребенок понимает правила повседневной жизни и может вести себя в соответствии с ними.
32. Ребенок придерживается согласованных правил игры.
33. Ребенок воспринимает групповую игру как игру и не переживает проигрыш как личную неудачу.
34. Ребенок стремится к групповым достижениям.
35. Ребенок активно способствует успеху группы.
36. Ребенок обладает соответствующими возрасту навыками обращения с мультимедийными средствами (например, осваивает соответствующие возрасту компьютерные обучающие программы, пользуется проигрывателем компакт-дисков).
37. Ребенок обладает выносливостью и завершает игру.
38. Ребенок может хорошо концентрироваться на длительное время (не менее 30 минут).

Образовательная область/направление развития — речь, слух, зрение

39. Ребенок реагирует на обращение к нему сзади.
40. Ребенок реагирует на шепот.
41. Ребенок узнает звуки окружающей среды.
42. Ребенок реагирует на обращение к нему, даже если в группе шумно.
43. Ребенок узнает предметы на далеком расстоянии.
44. Ребенок узнает предметы на близком расстоянии.

45. Ребенок поет простые мелодии.
46. Ребенок хлопает в ладоши в заданном ритме.
47. Ребенок говорит «я», «ты», «мой», «твой».
48. Ребенок спонтанно сообщает о своих переживаниях.
49. Ребенок объясняет, во что он играет.
50. Ребенок принимает и выполняет словесные инструкции.
51. Ребенок говорит более пространными повествовательными фрагментами (два-три предложения).
52. Ребенок говорит от первого лица.
53. Ребенок спрашивает о значениях слов.
54. Ребенок говорит четко.
55. Ребенок различает похожие по звучанию слова (напр. «ранка»/«банка»).
56. Ребенок может внимательно слушать.
57. Ребенок рассказывает о своих переживаниях в логической и реалистичной последовательности.
58. Ребенок отличает реальность от фантазии.
59. Ребенок распознает взаимосвязи (например, сказки, опыт).
60. Ребенок сопоставляет обозначения общих понятий (например, «стол» = «мебель», «яблоко» = «фрукт»).
61. Ребенок правильно применяет основные грамматические правила (например, множественное число, прошедшее время).

Образовательная область/направление развития — мышление

62. Ребенок любознателен.
63. Ребенок переносит полученные знания на новые ситуации.
64. Ребенок назначает выполнение действий на определенное время дня.
65. Ребенок сортирует по размерам.
66. Ребенок разрабатывает собственные идеи с материалами и реализует их.

67. Ребенок различает вчера, сегодня и завтра.
68. Ребенок проявляет пространственное воображение: «внизу», «рядом», «вверху».
69. Ребенок структурирует, упорядочивает, сортирует.
70. Ребенка интересует его окружение.
71. Ребенку интересна живая природа.
72. Ребенок проявляет уважение к животным и растениям.
73. Ребенок некоторое время занимается в одиночестве.
74. Ребенок интересуется книгами.
75. Ребенок сопоставляет количества и числа.
76. Ребенок активно решает мелкие проблемы.
77. Ребенок проявляет гибкость в новых ситуациях.
78. Ребенок знает различные ситуации использования цифр (например, собственный возраст, номер дома, номер телефона).
79. Ребенок в игровой форме занимается с числами (числовой ряд до 10 – задания на сложение с отсчетом).
80. Ребенок понимает и выполняет инструкции, набор команд или руководство.
81. Ребенок прилагает усилия для выполнения заданий.
82. В течение соответствующего периода времени ребенок занимается определенной деятельностью.
83. Ребенок положительно относится к требованиям к результативности.
84. Ребенок выполняет задания без постоянной обратной связи.
85. Ребенок терпит отказ в исполнении желаний.
86. Ребенок пробует новое, хочет учиться.
87. Ребенок распознает и описывает природные явления (например, погодные явления, времена года, день и ночь).
88. Ребенок освоил ряд чисел до 20.
89. Ребенок может сказать, какое число больше/меньше в диапазоне чисел до 10.
90. Ребенок рисует геометрические фигуры (круг, квадрат, треугольник).

Образовательная область/направление развития — движение

91. Ребенок проявляет радость от движения.
92. Дитина повзає на четвереньках.
93. Ребенок использует игровое оборудование на открытой площадке и смело пробует новое.
94. Ребенок использует материал, например, в детской игровой комнате для проверки и развития навыков.
95. Ребенок проверяет свои физические возможности.
96. Ребенок чувствует себя комфортно в своем теле.
97. Ребенок ориентируется в пространстве/имеет ощущение пространства.
98. Ребенок балансирует на линии.
99. Ребенок уверенно захватывает мелкие предметы.
100. Ребенок сознательно адаптирует движения к ситуации.
101. Ребенок локализует прикосновения к собственному телу.
102. Ребенок оценивает свои силы в игре с другими.
103. Ребенок определяет на ощупь формы и материалы.
104. Ребенок режет ножницами.
105. Ребенок нанизывает бусины.
106. Ребенок лепит фигурки.
107. Ребенок наливает в чашку.
108. Ребенок поднимается и спускается по лестнице (ступает правой и левой ногой).
109. Ребенок рисует линии между двумя точками.
110. Ребенок режет по линии.
111. Ребенок вырезает простые формы.
112. Ребенок удерживает равновесие.
113. Ребенок находит комнаты в привычной обстановке.
114. Ребенок умеет пользоваться карандашами.

Образовательная область/направление развития — жизненная практика

115. Ребенок обращается за помощью.
116. Ребенок раздевается.
117. Ребенок одевается.
118. Ребенок самостоятельно ест и пьет.
119. Ребенок самостоятельно моет руки.
120. Ребенок самостоятельно вытирает руки.
121. Ребенок чистит зубы.
122. Ребенок пользуется туалетом.
123. Ребенок подметает, например, помещение группы.
124. Ребенок делает уборку.
125. Ребенок вытирает руки (тело) полотенцем.
126. Ребенок накрывает на стол (с помощью).
127. Ребенок самостоятельно убирает со стола и ставит посуду на нужное место.
128. Ребенок самостоятельно один накрывает на стол.
129. Ребенок идет в соседнюю группу и отдает что-то.
130. Ребенок ищет в яслях других людей, которым можно что-то отдать.
131. Ребенок играет с другими детьми не из своей группы.
132. Ребенок может «правильно» надеть обувь.
133. Ребенок использует столовые приборы (нож и вилку).
134. Ребенок расстегивает/застегивает одежду.
135. Ребенок может осознанно обращаться с продуктами питания.
136. Ребенок застегивает молнию.
137. Ребенок находит предметы своей одежды.
138. Ребенок завязывает бант.
139. Ребенок узнает и понимает общепринятые символы и пиктограммы.
140. Ребенок различает различные качества материалов.
141. Ребенок демонстрирует соответствующие реакции на контакт с кожей, например, воды, песка, клея.
142. Ребенок действует согласно дорожным знакам.
143. Ребенок знает правила дорожного движения и соблюдает их (например, светофоры, пешеходные переходы, тротуары и велосипедные дорожки).

Образовательная область/направление развития — социальное взаимодействие/эмоциональность

144. Ребенок отделяется от воспитателя.
145. Ребенок знает свою группу и свою воспитательницу.
146. Ребенок принимает предложения о контакте от других людей.
147. Ребенок устанавливает отношения со своей воспитательницей.
148. Ребенок использует формы вежливости (например, «добрый день», «спасибо», «пожалуйста»).
149. Ребенок проявляет такие чувства, как удивление, печаль, радость, гнев.
150. Ребенок проявляет эмоциональную открытость.
151. Ребенок проявляет уважение.
152. Ребенок готов оказать помощь.
153. Ребенок изъясняется с другими детьми с помощью слов.
154. Ребенок интегрируется в группу.
155. Ребенок способен работать в небольшой группе.
156. Ребенок устанавливает дружеские отношения.
157. Ребенок уважает чужую собственность.
158. Ребенок следит за личными вещами.
159. Ребенок следит за тем, что происходит в группе.
160. В конфликтных ситуациях ребенок готов к сотрудничеству.
161. Ребенок может переносить неоднозначные ситуации в определенных пределах (например, визит Деда Мороза).
162. Ребенок воспринимает собственные чувства и делится ими.
163. Ребенок может отказаться от собственных желаний и потребностей.
164. Ребенок называет причины страха.
165. Ребенок демонстрирует социальное поведение в группе.
166. Ребенок принимает сторону других детей.
167. Ребенок демонстрирует умение разрешать конфликты.
168. Ребенок с нетерпением ждет школы.
169. Ребенок обладает положительной самооценкой.

Oyun Oynama Eğitim Alanı/Gelişim Alanı

1. Çocuk oyuncakları basit faaliyetlere dahil ediyor.
2. Çocuk birçok şey deniyor.
3. Çocuk şekillere/büyüklüklere göre tahsis ediyor.
4. Çocuk paylaştırıyor (örn. oyun sırasında şekerler).
5. Çocuk tahsis ediyor.
6. Çocuk çevirme hareketleri yapıyor (örn. kavanoz, şişe, dolap kapatıyor).
7. Çocuk yeni öğrendiklerini uyguluyor.
8. Çocuk basit teknik oyuncakları kullanma becerisine sahip.
9. Çocuk kaydırağı kullanıyor.
10. Çocuk tırmanma kulesini kullanıyor.
11. Çocuk üç tekerlekli bisiklete veya benzer bir araca biniyor.
12. Çocuk scooter kullanıyor.
13. Çocuk su, kum ve tutkal kullanıyor.
14. Çocuk oyun esnasında (rol oyunu) kendi ve başkalarının davranış şekillerini taklit ediyor.
15. Çocuk hayal gücünü serbest bırakıyor.
16. Çocuk nesneleri yatay ve dikey olarak dizebiliyor.
17. Çocuk yapboz yapabiliyor.
18. Çocuk vücudunu yaşına uygun şekilde kullanıyor (örn. yürürken dikkat ediyor).
19. Çocuk malzemeleri amacına uygun kullanıyor (örn. uygun malzemelerle resim yapıyor, bir oyunu olması gerektiği gibi kullanıyor).
20. Çocuk yeni, bilmediği algı deneyimleri toplamaya ilgi gösteriyor.
21. Çocuk hayal gücünü hayata geçirmeye ilgi duyuyor (örn. kum, toprak, kil ile).
22. Çocuk elişi malzemelerini olması gerektiği gibi kullanıyor.
23. Çocuk yaptıkları konusunda çaba gösteriyor.
24. Çocuk renklerin adını söylüyor.
25. Çocuk şekillerin adını söylüyor.
26. Çocuk basit miktar kavramlarını söylüyor.
27. Çocuk bir parçanın bütüne tahsisini anlıyor (örn. yapboz).

28. Çocuk grupta konuşmacı rolünü üstleniyor.
29. Çocuk dinleyici rolünü üstleniyor; başkalarının konuşmasına izin veriyor ve uygun şekilde tepki veriyor.
30. Çocuk oyun kurallarını anlıyor.
31. Çocuk günlük hayata yönelik kuralları anlıyor ve buna göre davranabiliyor.
32. Çocuk kararlaştırılan oyun kurallarına uyuyor.
33. Çocuk birlikte oynanan oyunu oyun olarak algılıyor ve kaybetmeyi kişisel başarısızlık olarak görmüyor.
34. Çocuk grup çalışmalarında destek oluyor.
35. Çocuk grup başarısına aktif katkıda bulunuyor.
36. Çocuk medya konusunda yaşına uygun beceriye sahip (örn. yaşına uygun bilgisayar öğrenme programlarını, CD çalar kullanabiliyor).
37. Çocuk dayanma gücüne sahip ve oyunu sonuna kadar oynuyor.
38. Çocuk iyi ve uzun süre konsantre olabiliyor (en az 30 dakika).

Konuşma, Duyma, Görme Eğitim Alanı/Gelişim Alanı

39. Çocuk onunla arkadan konuşulduğunda tepki veriyor.
40. Çocuk fısıltıya tepki veriyor.
41. Çocuk çevresindeki sesleri tanıyor.
42. Çocuk grup içinde yüksek sesle konuşulduğunda bile kendisine hitap edildiğinde tepki veriyor.
43. Çocuk uzaktaki şeyleri algılıyor.
44. Çocuk yakındaki şeyleri algılıyor.
45. Çocuk basit melodileri söyleyebiliyor.
46. Çocuk ritimleri alkışlayarak taklit edebiliyor.
47. Çocuk „ben“, „sen“, „benim“, „senin“ diyor.
48. Çocuk kendiliğinden bir şekilde yaşadıklarını anlatıyor.
49. Çocuk oynadığı oyunu açıklıyor.
50. Çocuk sözlü talimatları anlıyor ve uyguluyor.
51. Çocuk uzun uzun anlatarak konuşabiliyor (iki üç cümle).
52. Çocuk Ben şeklinde konuşuyor.

53. Çocuk kelimelerin anlamlarını soruyor.
54. Çocuk anlaşılır şekilde konuşuyor.
55. Çocuk kulağa benzer gelen kelimeleri ayırt edebiliyor (örn. „Top"/ „Tok").
56. Çocuk konsantre bir şekilde dinleyebiliyor.
57. Çocuk yaşadıklarını mantıklı ve gerçekçi sırada anlatıyor.
58. Çocuk gerçek hayatı ve hayal dünyasını ayırt edebiliyor.
59. Çocuk bağlantıları anlıyor (örn. masal, yaşanan deneyimler).
60. Çocuk belirli terimleri üst kavramlara tahsis ediyor (örn. „Masa = Mobilya", „Elma = Meyve").
61. Çocuk temel dilbilgisi kurallarını doğru kullanıyor (örn. çoğul, geçmiş).

Düşünme Eğitim Alanı/Gelişim Alanı

62. Çocuk meraklı.
63. Çocuk öğrendiklerini yeni durumlara aktarıyor.
64. Çocuk günlük hayat akışında faaliyetleri günün belirli saatlerine tahsis ediyor.
65. Çocuk büyüklüğe göre düzenliyor.
66. Çocuk malzemelerle kendi fikirlerini geliştirip gerçekleştiriyor.
67. Çocuk dün, bugün ve yarın arasında ayrım yapıyor.
68. Çocuk mekansal hayal gücü sergiliyor: „altında", „yanında", „üstünde".
69. Çocuk yapılandırıyor, düzenliyor, sınıflandırıyor.
70. Çocuk çevresine ilgi duyuyor.
71. Çocuk canlı doğaya ilgi duyuyor.
72. Çocuk hayvanlara ve bitkilere karşı saygı gösteriyor.
73. Çocuk belirli bir süre kendi kendine meşgul oluyor.
74. Çocuk kitaplara ilgi duyuyor.
75. Çocuk miktar ve rakamları birbirine tahsis ediyor.
76. Çocuk küçük sorunları aktif bir şekilde ele alıyor.
77. Çocuk yeni durumlarda esneklik gösteriyor.
78. Çocuk rakamların farklı kullanım durumlarını biliyor (örn. kendi yaşı, apartman numarası, telefon numarası).

79. Çocuk rakamları oyuncu bir şekilde ele alıyor (10'a kadar rakamlar, parmaklarla sayarak toplama işlemleri).
80. Çocuk talimatları, bir tarihi veya kılavuzu anlıyor ve uyguluyor.
81. Çocuk görevleri yerine getirmek için çaba sarf ediyor.
82. Çocuk belirtilen faaliyetlerle uygun bir süre boyunca uğraşıyor.
83. Çocuk performansa yönelik zorlukları olumlu bir şekilde ele alıyor.
84. Çocuk görevleri sürekli geri bildirimde bulunmadan yerine getiriyor.
85. Çocuk isteklerinin reddedilmesini kabul ediyor.
86. Çocuk yeni şeyler deniyor, öğrenme konusunda meraklı.
87. Çocuk doğa fenomenlerini biliyor ve açıklıyor (örn. hava durumu, mevsimler, gündüz ve gece).
88. Çocuk 20'ye kadar sayı sırasını biliyor.
89. Çocuk 10'a kadar olan sayılarda hangi rakamın daha büyük/daha küçük olduğunu söyleyebiliyor.
90. Çocuk geometrik şekiller çiziyor (daire, kare, üçgen).

Hareket Eğitim Alanı/Gelişim Alanı

91. Çocuk hareket etmekten zevk aldığını gösteriyor.
92. Çocuk emekliyor.
93. Çocuk dış mekanda çocuk parkındaki cihazları kullanıyor ve cesur bir şekilde yeni bir şeyler deniyor.
94. Çocuk becerilerini test etmek ve kendini geliştirmek için örn. hareket şantiyesinde malzemeleri kullanıyor.
95. Çocuk bedensel imkanlarını deniyor.
96. Çocuk kendini olduğu gibi rahat hissediyor.
97. Çocuk mekanda oryantasyona sahip/mekan hissi var.
98. Çocuk bir çizgide dengede durabiliyor.
99. Çocuk küçük cisimleri güvenli şekilde tutuyor.
100. Çocuk hareketlerini bilinçli bir şekilde ilgili duruma uyduruyor.
101. Çocuk kendi vücudunda dokunuşların yerini buluyor.
102. Çocuk başkalarıyla oynarken kendi gücünün farkında.
103. Çocuk dokunarak şekil ve malzemeleri anlıyor.

104. Çocuk makas ile kesiyor.
105. Çocuk boncuk diziyor.
106. Çocuk hamurla şekil yapıyor.
107. Çocuk bir bardağa içecek dolduruyor.
108. Çocuk merdiven çıkıp iniyor (bunun için sağ ve sol bacağını kullanıyor).
109. Çocuk iki nokta arasında çizgi çiziyor.
110. Çocuk bir çizgi boyunca kesiyor.
111. Çocuk basit şekilleri makasla kesiyor.
112. Çocuk dengesini kuruyor.
113. Çocuk bildiği ortamda odaları tekrar buluyor.
114. Çocuk kalem kullanabiliyor.

Yaşam Pratiği Eğitim Alanı/Gelişim Alanı

115. Çocuk yardım alıyor.
116. Çocuk üstünü çıkarıyor.
117. Çocuk giyiniyor.
118. Çocuk tek başına yemek yiyor ve içiyor.
119. Çocuk ellerini yıkıyor.
120. Çocuk ellerini kuruluyor.
121. Çocuk dişlerini fırçalıyor.
122. Çocuk tuvaleti kullanıyor.
123. Çocuk örneğin grup odasını süpürüyor.
124. Çocuk etrafı topluyor.
125. Çocuk bulaşıkları kuruluyor.
126. Çocuk masayı kuruyor (destek alarak).
127. Çocuk tek başına masayı topluyor ve bulaşıkları doğru yere koyuyor.
128. Çocuk tek başına masayı kuruyor.
129. Çocuk yuvada diğer gruba gidip oraya bir şey bırakıyor.
130. Çocuk yuvada bir şey vermek üzere diğer kişileri arıyor.
131. Çocuk kendi grubunda olmayan başka çocuklarla oynuyor.
132. Çocuk ayakkabıları „doğru“ giyebiliyor.

133. Çocuk çatal bıçak kullanıyor.
134. Çocuk düğme açıp kapatıyor.
135. Çocuk yiyecekleri bilinçli kullanıyor.
136. Çocuk fermuar kapatıyor.
137. Çocuk giysilerini buluyor.
138. Çocuk bağcık bağlıyor.
139. Çocuk standart olarak kullanılan sembol ve simgeleri biliyor ve anlıyor.
140. Çocuk farklı malzeme özelliklerini ayırt edebiliyor.
141. Çocuk örneğin su, kum, tutkal ile cilt teması durumunda uygun tepkiler veriyor.
142. Çocuk trafik işaretlerine bakarak yapılması gereken eylemleri biliyor.
143. Çocuk trafik kurallarını biliyor ve uyguluyor (örn. trafik ışığı, yaya geçidi, yaya ve bisiklet yolu).

Sosyal Birliktelik/Duygusallık Eğitim Alanı/Gelişim Alanı

144. Çocuk yakın olduğu kişiden ayrılıyor.
145. Çocuk grubunu ve kendi öğretmenini tanıyor.
146. Çocuk başkalarının iletişim kurma tekliflerini kabul ediyor.
147. Çocuk öğretmeniyle bir ilişki kuruyor.
148. Çocuk saygılı konuşma şeklini kullanıyor (örn. „İyi günler“, teşekkür ederim“, „lütfen“).
149. Çocuk şaşırma, üzüntü, mutluluk, öfke gibi duygularını gösteriyor.
150. Çocuk duygusal açıklık gösteriyor.
151. Çocuk başkalarına düşünceli davranıyor.
152. Çocuk yardımsever.
153. Çocuk başka çocuklarla sözlü olarak tartışıyor.
154. Çocuk kendisini grubuna entegre ediyor.
155. Çocuk küçük bir grupta çalışma becerisine sahip.
156. Çocuk arkadaşlık kuruyor.
157. Çocuk başkalarına ait olan şeylere dikkat ediyor.
158. Çocuk kendine ait olan şeylere dikkat ediyor.
159. Çocuk grupta olup bitenleri izliyor.

160. Çocuk anlaşmazlık durumlarında işbirlikçi davranıyor.
161. Çocuk biraz belirsiz olan durumlara belirli sınırlar içinde dayanabiliyor (örn. noel baba ziyareti).
162. Çocuk kendi hissettiklerinin farkında ve bunları paylaşıyor.
163. Çocuk kendi isteklerini ve ihtiyaçlarını bir kenara koyabiliyor.
164. Çocuk bir korkunun nedenlerini söylüyor.
165. Çocuk grup içinde sosyal davranışlar sergiliyor.
166. Çocuk başka çocukları savunuyor.
167. Çocuk anlaşmazlıklarda çözüm sunuyor.
168. Çocuk okula gitmeye seviniyor.
169. Çocuk pozitif bir özgüvene sahip.

Освітня сфера/сфера розвитку — гра

1. Дитина залучає іграшки в прості дії.
2. Дитина пробує багато чого.
3. Дитина розподіляє за формою/розміром.
4. Дитина ділиться (наприклад, під час гри, солодощами).
5. Дитина розподіляє.
6. Дитина виконує вправи на повороти (наприклад, закриває склянки, пляшки, шафи).
7. Дитина застосовує вивчене.
8. Дитина опановує навички поводження з простими технічними іграшками.
9. Дитина спускається з гірки.
10. Дитина використовує стенд для скелелазіння.
11. Дитина користується триколісним велосипедом або схожим транспортним засобом.
12. Дитина користується самокатом.
13. Дитина використовує воду, пісок та клей.
14. Дитина повторює свою поведінку та поведінку інших в ігрових ситуаціях (рольова гра).
15. Дитина дає волю уяві.
16. Дитина будує горизонтально і вертикально.
17. Дитина вміє складати пазли.
18. Дитина використовує своє тіло відповідно до віку (наприклад, дотримується безпеки під час бігу).
19. Дитина використовує матеріали, згідно призначення (наприклад, малює відповідним матеріалом, правильно використовує гру).
20. Дитина зацікавлена в отриманні нового, цікавого та ще невідомого досвіду.
21. Дитині цікаво конструювати відповідно до уяви (наприклад, з піску, землі, глини).
22. Дитина правильно використовує виробні матеріали.
23. Дитина захоплена своїми діями.
24. Дитина називає кольори.

25. Дитина називає форми.
26. Дитина сприймає прості поняття про кількість.
27. Дитина розуміє співвіднесення частини з цілим (наприклад, пазл).
28. Дитина бере на себе роль доповідача в групі.
29. Дитина бере на себе роль слухача; дозволяє іншим закінчити виступ і реагує відповідним чином.
30. Дитина знає правила гри.
31. Дитина розуміє правила повсякденного життя та діє відповідно.
32. Дитина дотримується узгоджених правил гри.
33. Дитина сприймає групову гру спокійно та не переймає програш як особисту невдачу.
34. Дитина прагне групових досягнень.
35. Дитина активно сприяє успіху групи.
36. Дитина має відповідні віку медіа-навички (наприклад, опановує відповідні віку комп'ютерні навчальні програми, користується CD-плеєром).
37. Дитина контролює витривалість і закінчує гру.
38. Дитина може бути зосередженою протягом тривалого часу (не менше 30 хвилин).

Освітня сфера/сфера розвитку — мова, слух, зір

39. Дитина реагує на мовлення позаду неї.
40. Дитина реагує на шепіт.
41. Дитина розпізнає звуки довкілля.
42. Дитина також реагує на розмову з нею, навіть коли в групі шумно.
43. Дитина впізнає речі на відстані.
44. Дитина впізнає речі поблизу.
45. Дитина наспівує прості мелодії.
46. Дитина ритмічно плескає долонями.
47. Дитина каже «я», «ти», «моє», «твоє».
48. Дитина несподівано повідомляє про її переживання.
49. Дитина пояснює, в яку гру вона грає.

50. Дитина сприймає та виконує словесні інструкції.
51. Дитина говорить довшими одиницями (два-три речення).
52. Дитина говорить від першої особи.
53. Дитина питає про значення слів.
54. Дитина говорить чітко.
55. Дитина розрізняє слова, схожі за звучанням (напр. «планка»/«банка»).
56. Дитина вміє уважно слухати.
57. Дитина розповідає про переживання в логічному та реалістичному порядку.
58. Дитина розрізняє реальність і фантазію.
59. Дитина розпізнає взаємопов'язані речі (наприклад, казки, досвід).
60. Дитина зіставляє позначення загальних понять (напр. «стіл» = «меблі», «яблуко» = «фрукти»).
61. Дитина правильно застосовує основні граматичні правила (наприклад, множина, минулий час).

Освітня сфера/сфера розвитку — мислення

62. Дитина допитлива.
63. Дитина переносить вивчене на нові ситуації.
64. Дитина призначає виконання дій на певний час протягом дня.
65. Дитина сортує за розміром.
66. Дитина розробляє власні ідеї з матеріалами та реалізує їх.
67. Дитина розрізняє вчора, сьогодні й завтра.
68. У дитини виявляється просторова уява: «внизу», «поруч», «вгору».
69. Дитина структурує, впорядковує, сортує.
70. Дитина цікавиться навколишнім середовищем.
71. Дитину цікавить жива природа.
72. Дитина проявляє повагу до тварин і рослин.
73. Дитина певний час може гратися самостійно.
74. Дитина цікавиться книгами.

75. Дитина зіставляє кількість та числа.
76. Дитина активно вирішує дрібні проблеми.
77. Дитина проявляє гнучкість у нових ситуаціях.
78. Дитина знає різні ситуації, в яких використовуються числа (наприклад, власний вік, номер будинку, номер телефону).
79. Дитина розбирається з числами в ігровій формі (діапазон чисел до 10 — завдання на рахування).
80. Дитина розуміє та виконує інструкції, набір команд або керівництво.
81. Дитині важко виконати завдання.
82. Дитина займається певною діяльністю протягом відповідного проміжку часу.
83. Дитина позитивно ставиться до вимог успішності.
84. Дитина виконує завдання без постійного зворотного зв'язку.
85. Дитина терпить відмову від виконання бажань.
86. Дитина пробує нове, прагне вчитися.
87. Дитина розпізнає природні явища та описує їх (наприклад, погодні явища, пори року, день і ніч).
88. Дитина засвоює ряд чисел до 20.
89. Дитина може сказати, яке число в діапазоні чисел 10 більше/менше.
90. Дитина малює геометричні фігури (коло, квадрат, трикутник).

Освітня сфера/сфера розвитку — рух

91. Дитина отримує задоволення від руху.
92. Дитина повзає на четвереньках.
93. Дитина використовує ігрове обладнання на відкритому майданчику та сміливо пробує щось нове.
94. Дитина використовує матеріал, наприклад, у дитячій ігровій кімнаті для перевірки та розвитку навичок.
95. Дитина перевіряє свої фізичні можливості.
96. Дитині комфортно на своєму місці.

97. Дитина орієнтується в просторі/володіє відчуттям простору.

98. Дитина балансує на лінії.

99. Дитина впевнено тримає дрібні предмети.

100. Дитина свідомо пристосовує рухи до ситуації.

101. Дитина локалізує дотики до власного тіла.

102. Дитина оцінює свої сили в грі з іншими.

103. Дитина відчуває форми і матеріали.

104. Дитина ріже ножицями.

105. Дитина нанизує намистини.

106. Дитина зліплює фігури.

107. Дитина наливає в чашку.

108. Дитина піднімається і спускається по сходах (використовує праву і ліву ногу).

109. Дитина проводить лінії між двома крапками.

110. Дитина ріже по лінії.

111. Дитина вирізає прості фігури.

112. Дитина тримає рівновагу.

113. Дитина знаходить кімнати в знайомій обстановці.

114. Дитина вміє користуватись олівцями.

Освітня сфера/сфера розвитку — життєва практика

115. Дитина звертається по допомогу.

116. Дитина самостійно роздягається.

117. Дитина самостійно одягається.

118. Дитина їсть та п‘є самостійно.

119. Дитина самостійно миє руки.

120. Дитина самостійно витирає руки.

121. Дитина чистить зуби.

122. Дитина користується туалетом.

123. Дитина підмітає, наприклад, групову кімнату.

124. Дитина самостійно прибирає.

125. Дитина користуєтсья рушником.

126. Дитина накриває на стіл (з допомогою).
127. Дитина самостійно прибирає зі столу та ставить посуд на потрібне місце.
128. Дитина самостійно накриває на стіл.
129. Дитина йде до сусідньої групи та віддає щось.
130. Дитина шукає інших людей у дитячому садочку, щоб щось їм віддати.
131. Дитина грає з дітьми з інших груп.
132. Дитина може «правильно» взутися.
133. Дитина користується столовими приборами (ножем і виделкою).
134. Дитина розстібає за застібає одяг.
135. Дитина може поводитися з продуктами харчування свідомо.
136. Дитина застібає блискавку.
137. Дитина знаходить свій одяг.
138. Дитина самостійно зав‘язує бант.
139. Дитина розпізнає й розуміє загальні символи та піктограми.
140. Дитина розрізняє різні властивості матеріалу.
141. Дитина проявляє відповідні реакції на контакт зі шкірою, наприклад з водою, піском, клеєм.
142. Дитина діє згідно з дорожніми знаками.
143. Дитина знає правила дорожнього руху та виконує їх (наприклад, розуміє знаки світофора, зебри, знає зони пішохідних та велосипедних доріжок).

Освітня сфера/сфера розвитку — соціальна взаємодія/ емоційність

144. Дитина віддаляється від вихователя.
145. Дитина знає свою групу та вихователя.
146. Дитина сприймає пропозиції контакту від інших.
147. Дитина будує стосунки зі своїм вихователем.
148. Дитина використовує ввічливі форми (напр. «добрий день», «дякую», «будь ласка»).

149. Дитина проявляє такі почуття, як здивування, смуток, радість, гнів.
150. Дитина проявляє емоційну відкритість.
151. Дитина проявляє повагу.
152. Дитина готова допомогти.
153. Дитина спілкується з іншими дітьми за допомогою слів.
154. Дитина інтегрується в групу.
155. Дитина може працювати в невеликій групі.
156. Дитина будує дружні стосунки.
157. Дитина поважає чужу власність.
158. Дитина уважно ставиться до своїх речей.
159. Дитина спостерігає за тим, що відбувається в групі.
160. У конфліктних ситуаціях дитина готова до співпраці.
161. Дитина може витримати неоднозначні ситуації в певних рамках (наприклад, візит Діда Мороза).
162. Дитина сприймає власні почуття та ділиться ними.
163. Дитина може відмовитися від власних бажань та потреб.
164. Дитина називає причини страху.
165. Дитина демонструє соціальну поведінку в групі.
166. Дитина переймає сторону інших дітей.
167. Дитина може вирішувати конфлікти.
168. Дитина з нетерпінням чекає школу.
169. Дитина має позитивну самооцінку.